училище - sakola	2
пътуване - lalampahan	5
транспорт - transportasi	8
град - kota	10
пейзаж - pamandangan	14
ресторант - restoran	17
супермаркет - supermarkét	20
напитки - inuman	22
ядене - dahareun	23
селски двор - pertanian	27
къща - imah	31
всекидневна - rohang tamu	33
кухня - dapur	35
баня - kamar ibak	38
детска стая - kamar budak	42
облекло - acuk	44
офис - kantor	49
икономика - ékonomi	51
професии - pagawéan	53
инструменти - alat	56
музикални инструменти - alat musik	57
зоологическа градина - kebon binatang	59
спорт - olahraga	62
дейности - aktivitas	63
семейство - kulawarga	67
тяло - awak	68
болница - rumah sakit	72
спешен случай - darurat	76
Земя - Bumi	77
часовник - jam	79
седмица - minggu	80
година - taun	81
форми - bentuk	83
цветове - warna-warna	84
противоположности - sabalikna	85
числа - angka-angka	88
езици - basa-basa	90
кой / какво / как - saha / naon / kumaha	91
къде - di mana	92

Impressum
Verlag: BABADADA GmbH, Nedderfeld 112 , 22529 Hamburg
Geschäftsführer / Verlagsleitung: Harald Hof
Druck: Books on Demand GmbH, In de Tarpen 42, 22848 Norderstedt

Imprint
Publisher: BABADADA GmbH, Nedderfeld 112 , 22529 Hamburg, Germany
Managing Director / Publishing direction: Harald Hof
Print: Books on Demand GmbH, In de Tarpen 42, 22848 Norderstedt

училище
sakola

деление
bagi

черна дъска
papan

класна стая
rohang kelas

училищен двор
pakarangan sakola

учител
guru

хартия
kertas

пиша
nyerat / nulis

химикал
kalam

бюро
méja gawé

линеал
jidar

книга
buku

ученик
murit

ученическа раница

tas sakola

ученически несесер

wadah potlot

молив

potlot

острилка за моливи

rautan potlot

гума

pamupus

блок за рисуване

kertas gambar

рисунка
gambar

четка
kuas cét

акварелни бои
kotak cét

ножица
gunting

лепило
lém

тетрадка за упражнения
buku latihan

домашна работа
péér

число
angka

събиране
nambahkeun

изваждане
kurang

умножение
kali

смятане
ngitung

буква
surat

азбука
alpabét

дума
kecap

текст
téks

чета
maca

тебешир
kapur

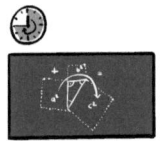
час
palajaran

дневник на класа
daptar

изпит
ujian

свидетелство
sértipikat

ученическа униформа
saragam sakola

образование
atikan

справочник
énsiklopédi

университет
univérsitas

микроскоп
mikroskop

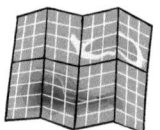
карта
peta

кошче за хартиени отпадъци
wadah runtah

училище - sakola

пътуване
lalampahan

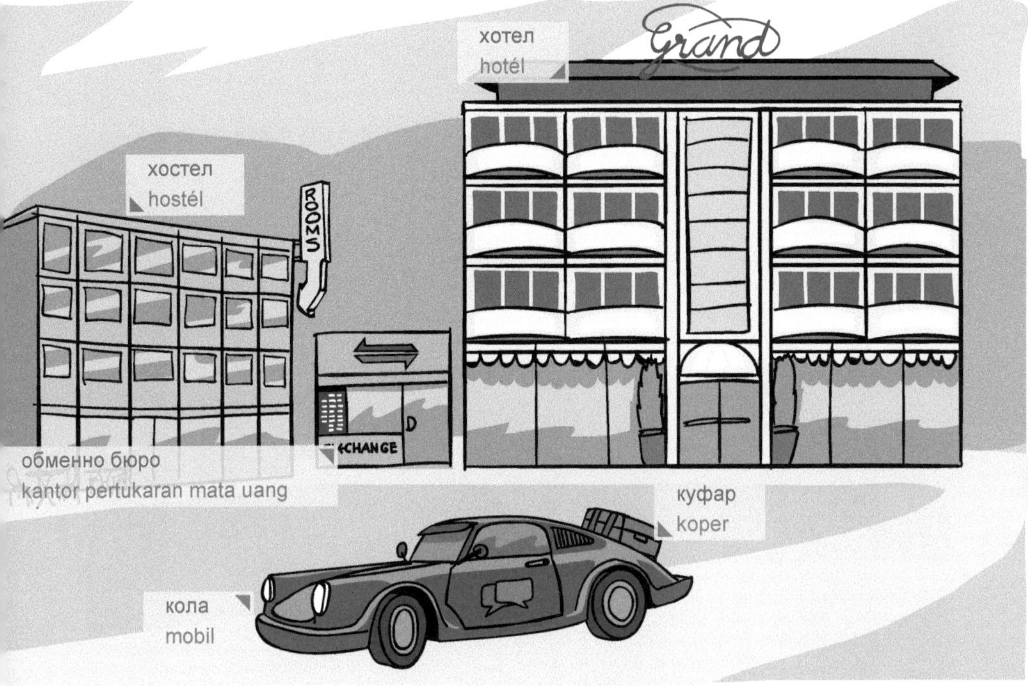

хотел
hotél
Grand
хостел
hostél
ROOMS
обменно бюро
kantor pertukaran mata uang
EXCHANGE
куфар
koper
кола
mobil

език

basa

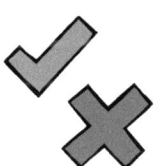

да / не

muhun / henteu

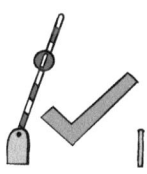

Окей

oké

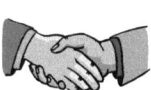

здравей

hei

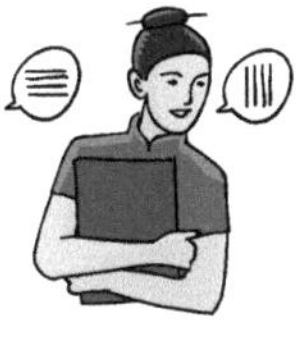

преводач

panarjamah

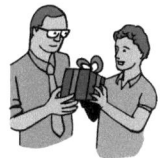

Благодаря

hatur nuhun

Колко струва…?
sabaraha hargana…?

Не разбирам
abdi teu ngartos

проблем
masalah

Добър вечер!
Wilujeng wengi!

Добро утро!
Wilujeng siang!

Лека нощ!
Wilujeng wengi!

довиждане
mugi patepang deui

посока
arah

багаж
bagasi

пътна чанта
kantong

раница
ransel

посетител
tamu

стая
rohang

спален чувал
kantong saré

палатка
tenda

пътуване - lalampahan

туристическа информация
informasi wisata

плаж
pantai

кредитна карта
kartu krédit

закуска
sarapan

обед
dahar beurang

вечеря
dahar peuting

билет
tikét

асансьор
lift

пощенска марка
perangko

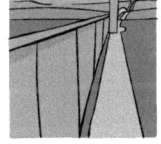
граница
wates

митница
cukai

посолство
kedutaan

виза
visa

паспорт
paspor

пътуване - lalampahan

транспорт
transportasi

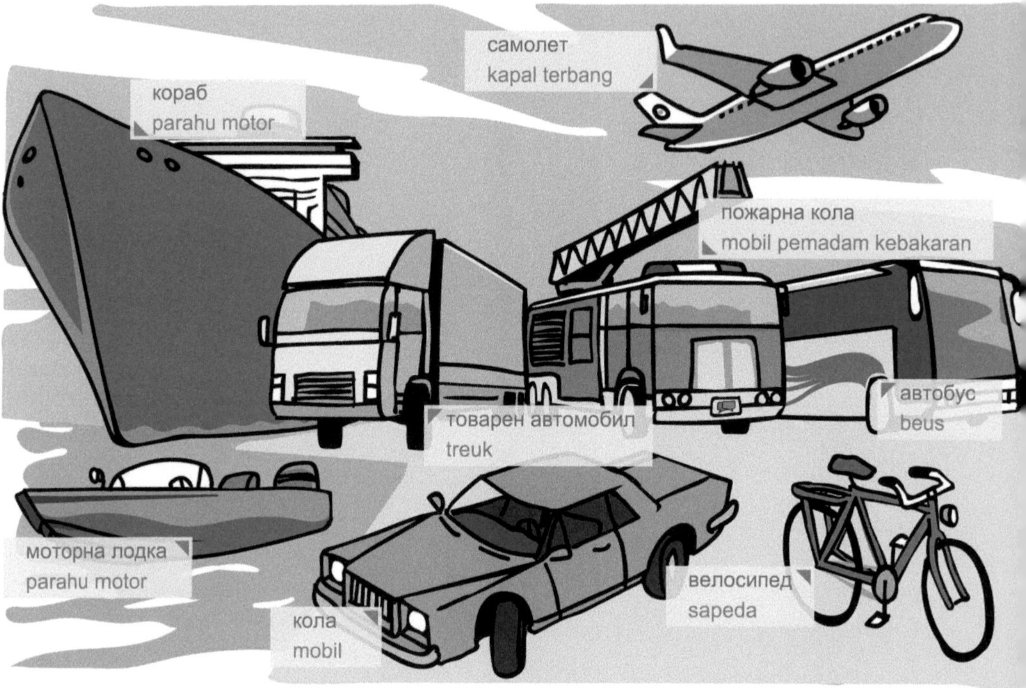

самолет
kapal terbang

кораб
parahu motor

пожарна кола
mobil pemadam kebakaran

товарен автомобил
treuk

автобус
beus

моторна лодка
parahu motor

велосипед
sapeda

кола
mobil

ферибот
kapal féri

лодка
parahu

мотоциклет
sapeda motor

полицейска кола
mobil pulisi

състезателна кола
mobil balap

кола под наем
mobil nyéwa

каршеринг
mobil babarengan

автомобил от "Пътна помощ"
treuk dérék

сметовоз
treuk runtah

двигател
motor

бензин
bahan bakar

бензиностанция
bénsin

пътен знак
tanda lalulintas

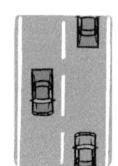

улично движение
lalulintas

задръстване
macét

паркинг
parkir mobil

гара
stasiun karéta

релси
trék

влак
karéta api

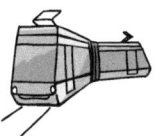

трамвай
tram

вагон
garobag

транспорт - transportasi

хеликоптер
hélikopter

аерогара
bandara

кула
munara

пасажер
panumpang

контейнер
konténer

кашон
karton

ръчна количка
troli

кошница
karanjang

излитам / приземявам се
terbang / landas

град
kota

село
kampung

градски център
tengah kota

къща
imah

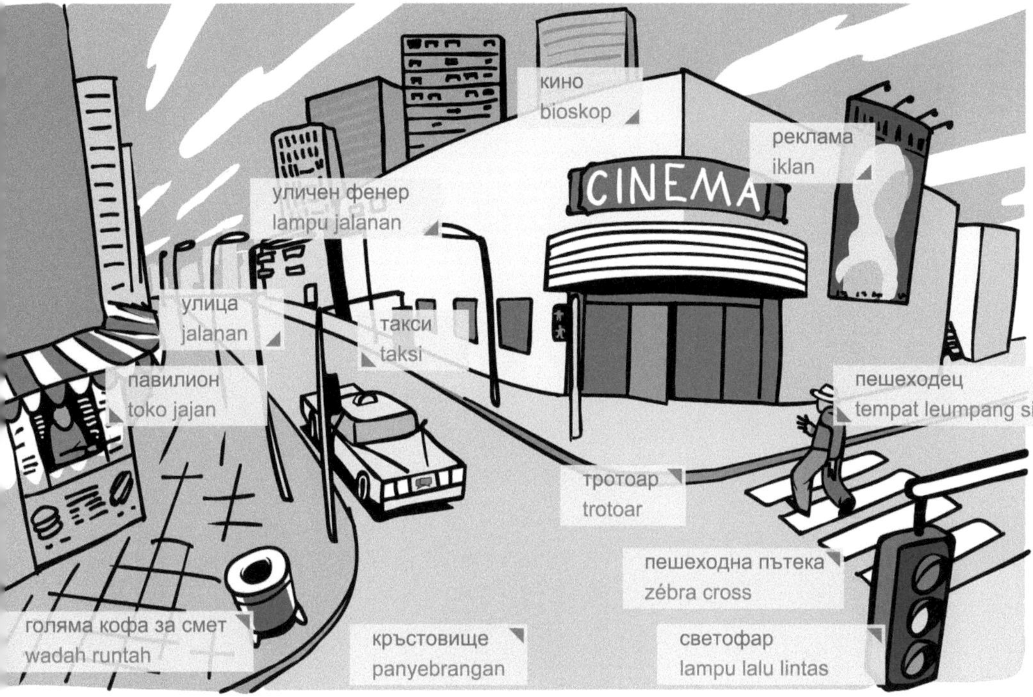

кино
bioskop

реклама
iklan

уличен фенер
lampu jalanan

улица
jalanan

такси
taksi

пешеходец
tempat leumpang sis

павилион
toko jajan

тротоар
trotoar

голяма кофа за смет
wadah runtah

кръстовище
panyebrangan

пешеходна пътека
zébra cross

светофар
lampu lalu lintas

хижа
gubuk

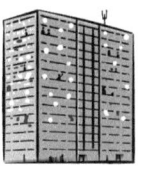

жилище
imah flat

гара
stasiun karéta

кметство
balai kota

музей
museum

училище
sakola

град - kota

университет
univérsitas

банка
bank

болница
rumah sakit

хотел
hotél

аптека
farmasi

офис
kantor

книжарница
toko buku

магазин за цветя
toko

магазин за цветя
toko kembang

супермаркет
supermarkét

пазар
pasar

универсален магазин
swalayan

търговец на риба
nalayan

търговски център
pusat balanja

пристанище
palabuan

град - kota

парк
kebon

пейка
korsi

мост
sasak

стълба
tangga

метро
kareta bawah tanah

тунел
torowongan

автобусна спирка
halte beus

бар
bar

ресторант
restoran

пощенска кутия
kotak surat

улична табелка
tanda jalan

часовник за паркинг престой
meteran parkir

зоологическа градина
kebon binatang

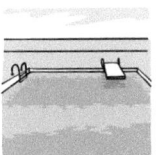
плувен басейн
kolam renang

джамия
masigit

селски двор
pertanian

замърсяване на околната среда
polusi

гробище
kuburan

църква
gareja

детска площадка
tempat ulin

храм
pura

пейзаж
pamandangan

- листо / daun
- пътепоказател / panunjuk arah
- път / jalanan
- ливада / ladang jukut
- камък / batu
- дърво / tangkal
- пътешественик / tukang leumpang
- река / susukan
- трева / jukut
- цвете / kembang

долина
lengkob

планина
bukit

море
tasik

гора
leuweung

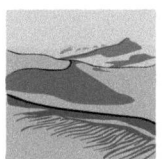

пустиня
gurun

вулкан
gunung marapi

замък
karaton

дъга
katumbiri

гъба
suung

палма
tangkal palem

комар
reungit

муха
laleur

мравка
sireum

пчела
nyiruan

паяк
lamat lancah

пейзаж - pamandangan

бръмбар
nyiruan

жаба
bangkong

катеричка
bajing

таралеж
landak

заек
kalinci

кукумявка
bueuk

птица
manuk

лебед
soang

диво прасе
bagong

елен
kijang

лос
kijang

бент
bendungan

вятърна турбина
turbin angin

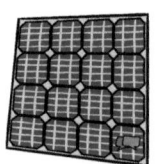
соларен модул
panél surya

климат
iklim

пейзаж - pamandangan

ресторант
restoran

келнер
badega

меню
menu

стол
korsi

супа
sop

пица
pitsa

прибори за хранене
parkakas dahar

покривка за маса
taplak

предястие
hidangan pembuka

основно ястие
hidapan utama

десерт
hidangan penutup

напитки
inuman

ядене
dahareun

бутилка
botol

бързо хранене

dahareun cepat saji

улична храна

jajanan sisi jalan

кана за чай

téko téh

кутия за захар

wadah gula

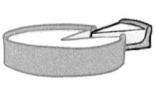

порция

porsi

еспресо машина

mesin éspréso

висок детски стол

korsi jangkung

сметка

tagihan

табла

baki

ножица за нокти

péso

вилица

garpu

лъжица

séndok

чаена лъжичка

séndok téh

салфетка

serbét

стъклена чаша

gelas

ресторант - restoran

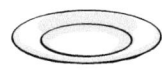

чиния
piring

чиния за супа
mangkok sop

чинийка
pisin

сос
saos

солница
wadah uyah

мелничка за черен пипер
panggiling pedes

оцет
cuka

олио
minyak

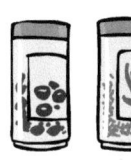

подправки
bumbu

кетчуп
saos tomat

горчица
mustard

майонеза
mayonés

супермаркет
supermarkét

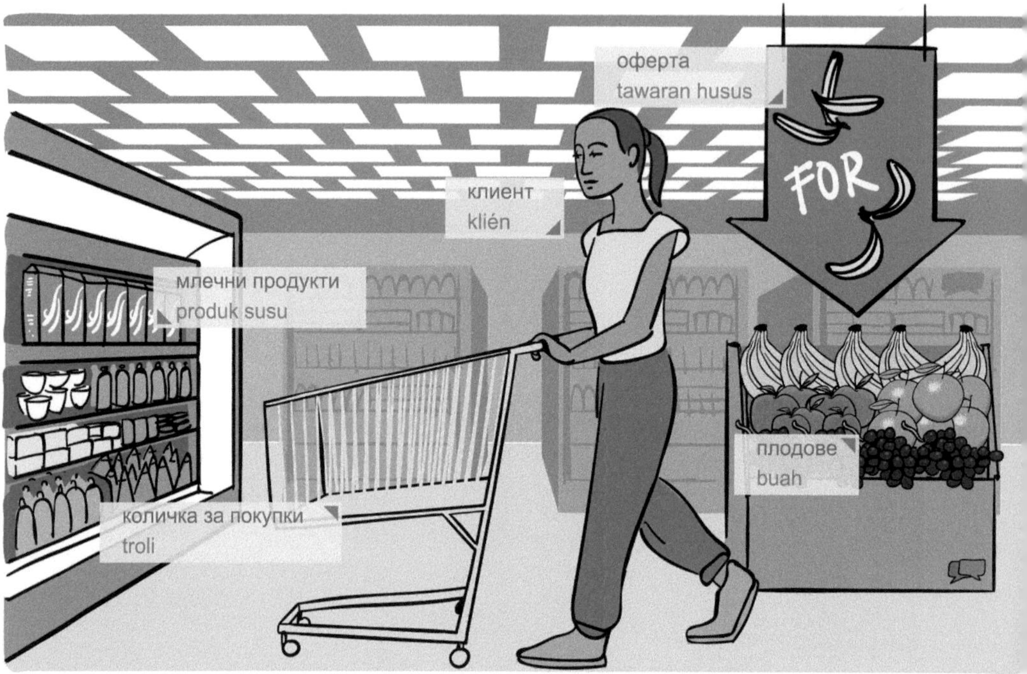

оферта
tawaran husus
FOR
клиент
klién
млечни продукти
produk susu
плодове
buah
количка за покупки
troli

BUTCHERS

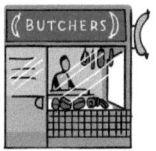

кланица

tukang meuncit

BAKERY

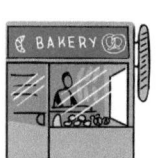

хлебарница

toko roti

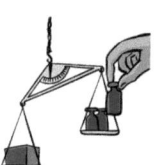

тегля

nimbang

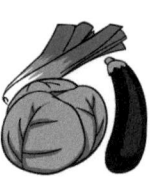

зеленчуци

sayur

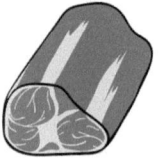

месо

daging

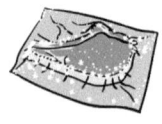

дълбоко замразена храна

tuangeun beku

нарязан колбас или сирене
alat potong daging

консерви
dahareun kaléng

перилен препарат
sabun serbuk

лакомства
permén

домакински изделия
perkakas rumah tangga

почистващи препарати
produk pembersih

продавачка
tukang jualan

каса
kasa

касиер
kasir

списък на покупките
daftar balanja

работно време
jam buka

портфейл
dompét

кредитна карта
kartu krédit

чанта
kantong

пластмасова торба
kantong palastik

супермаркет - supermarkét

напитки
inuman

вода
cai

сок
jus

мляко
susu

кола
kola

вино
anggur

бира
arak

алкохол
arak

какао
coklat

чай
téh

кафе машина
kopi

еспресо
éspréso

капучино
kapucino

ядене
dahareun

банан
pisang

ябълка
apel

портокал
jeruk

пъпеш
samangka

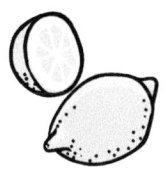

лимон
lémon

морков
wortel

чесън
bawang bodas

бамбук
awi

лук
bawang bombai

гъба
suung

ядки
suuk

макарони
emih

спагети
spagéti

ориз
sangu

салата
salat

пържени картофи
kentang goréng

печени картофи
kentang goréng

пица
pitsa

хамбургер
hamburger

сандвич
roti lapis

шницел
sakeureut daging

шунка
ham

траен колбас
salami

салам
sosis

пиле
hayam

печено
ngagoreng

риба
lauk

ядене - dahareun

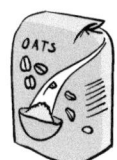

овесени ядки

bubur gandum

мюсли

séréal

корнфлейкс

cornflakes

брашно

tarigu

кроасан

croissant

хлебчета

roti

хляб

roti

препечена филийка

roti panggang

бисквити

biskuit

масло

mantéga

извара

dadih

сладкиш

kuéh

яйце

endog

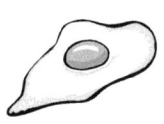

яйца на очи

goréng endog

сирене

keju

ядене - dahareun

сладолед eskrim	захар gula	мед madu

мармалад selé	нуга крем krim coklat	къри karé

селски двор
pertanian

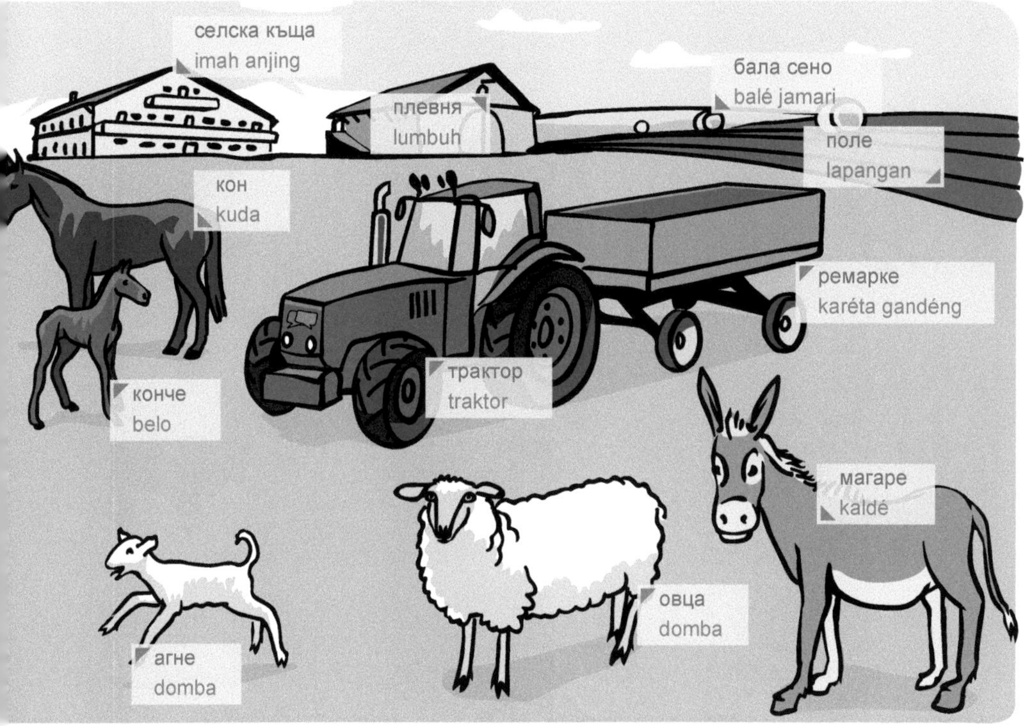

селска къща — imah anjing
плевня — lumbuh
кон — kuda
конче — belo
бала сено — balé jamari
поле — lapangan
ремарке — karéta gandéng
трактор — traktor
магаре — kaldé
агне — domba
овца — domba

коза
embé

крава
sapi

теле
bitis

свиня
bagong

прасенце
babi

бик
banténg

гъска
soang

патица
éntog

пиленце
pitik

кокошка
hayam

петел
hayam jago

плъх
beurit

котка
ucing

мишка
beurit

вол
sapi

куче
anjing

кучешка колиба
imah anjing

градински маркуч
selang

лейка
kaléng nyiram

коса
arit panjang

плуг
ngabajak

селски двор - pertanian

сърп
arit

мотика
pacul

вила за тор
garpuh jukut

брадва
kapak

ръчна количка
gorobah

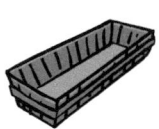

корито
palung

съд за мляко
kaléng susu

чувал
karung

ограда
pager

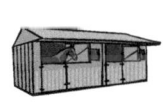

обор
kandang

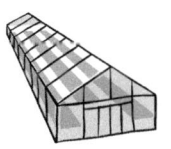

парник
imah kaca

земя
taneuh

сеитба
benih

тор
pupuk

комбайн
mesin permén

селски двор - pertanian

жъна
panén

реколта
panén

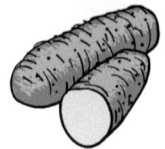

ямс
yams

жито
gandum

соя
kedelé

картоф
kentang

царевица
jagong

рапица
lobak

овощно дърво
tangkal buah

маниока
sampeu

зърнени храни
séréal

селски двор - pertanian

къща
imah

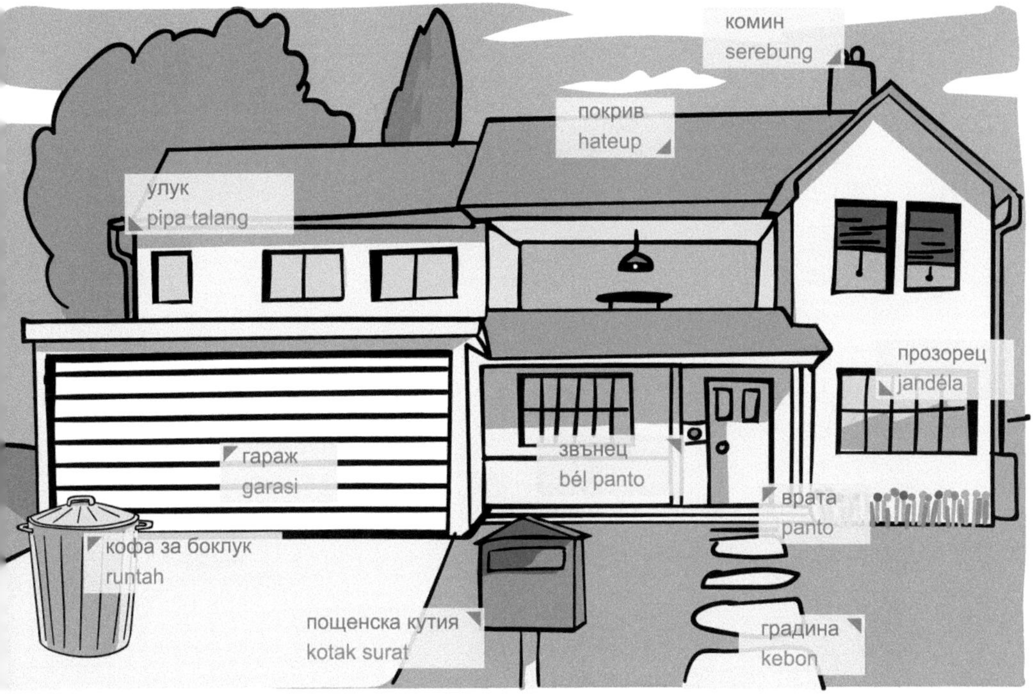

комин
serebung

покрив
hateup

улук
pipa talang

прозорец
jandéla

гараж
garasi

звънец
bél panto

врата
panto

кофа за боклук
runtah

пощенска кутия
kotak surat

градина
kebon

всекидневна
rohang tamu

баня
kamar ibak

кухня
dapur

спалня
pangkéng

детска стая
kamar budak

трапезария
kamar makan

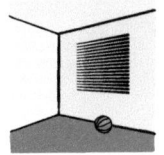

под
téhel

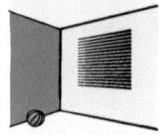

стена
tembok

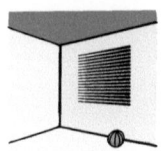

таван
hateup

изба
gudang di handap imah

сауна
sauna

балкон
balkon

тераса
tepas

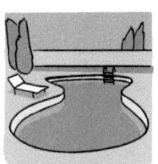

плувен басейн
kolam renang

косачка
mesin pamotong jukut

спално бельо
sepré

покривка за легло
simbut

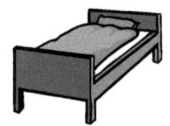

легло
ranjang

метла
sapu

кофа
émbér

електрически ключ
tombol

къща - imah

всекидневна
rohang tamu

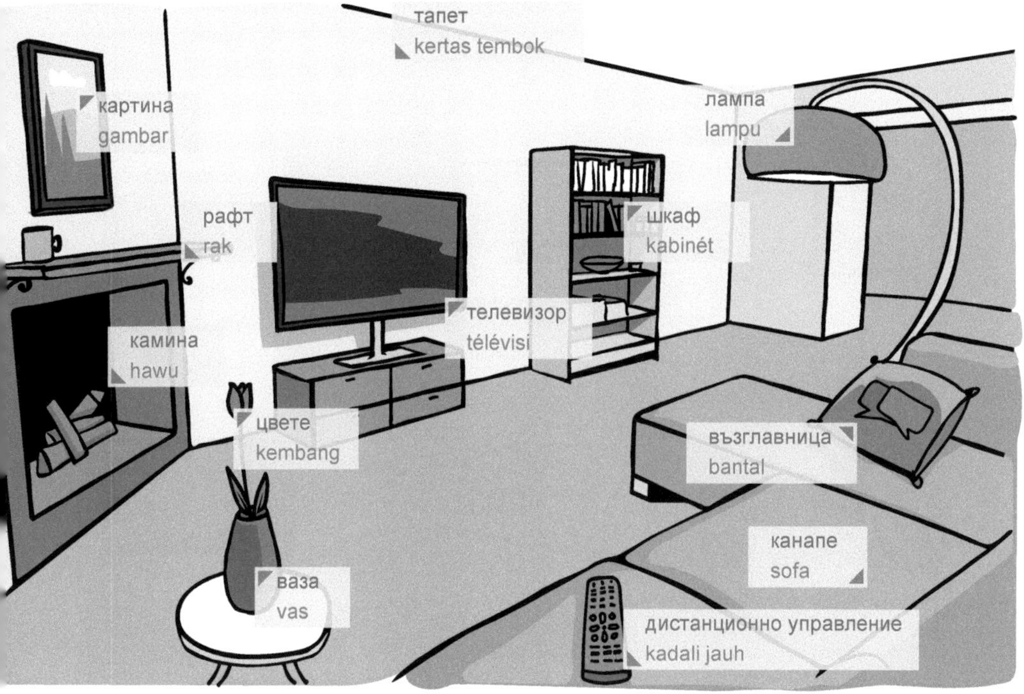

- картина / gambar
- тапет / kertas tembok
- лампа / lampu
- рафт / rak
- шкаф / kabinét
- камина / hawu
- телевизор / télévisi
- цвете / kembang
- възглавница / bantal
- ваза / vas
- канапе / sofa
- дистанционно управление / kadali jauh

килим
karpét

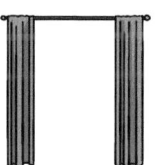

завеса
hordéng

маса
meja

стол
korsi

люлеещ се стол
korsi goyang

кресло
korsi malas

книга
buku

одеяло
simbut

декорация
dékorasi

дърва за отопление
suluh

филм
pilem

стерео уредба
hi-fi

ключ
konci

вестник
surat kabar

живопис
lukisan

постер
poster

радио
radio

бележник
buku tulis

прахосмукачка
panyedot kebul

кактус
kaktus

свещ
lilin

кухня
dapur

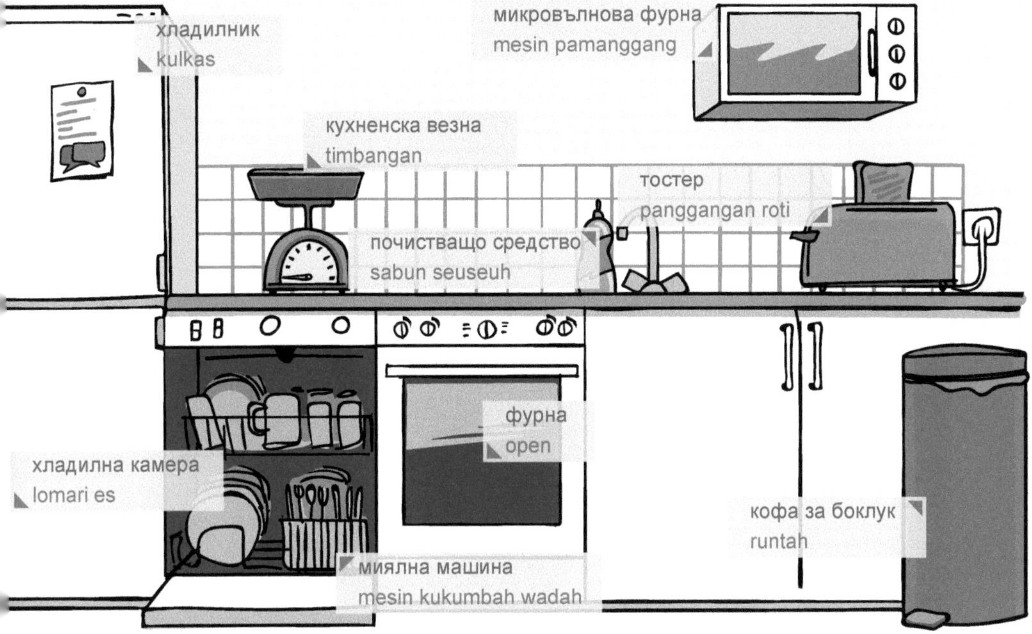

хладилник / kulkas

микровълнова фурна / mesin pamanggang

кухненска везна / timbangan

почистващо средство / sabun seuseuh

тостер / panggangan roti

фурна / open

хладилна камера / lomari es

миялна машина / mesin kukumbah wadah

кофа за боклук / runtah

готварска печка
kompor

тенджера
panci

желязна тенджера
panci beusi

уок / кадаи
katél

тиган
panci

кана за затопляне на вода
citél

уред за готвене на пара

langseng

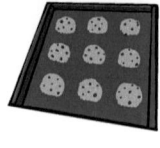

тава за печене

baki

съдове

piring

чаша

cangkir

купа

mangkok

клечки за хранене

sumpit

черпак

sendok sop

лопатка за тиган

sérok

тел за разбиване (на яйца, белтъци)

pangocok

кошница за варене

ayakan

гевгир

saringan

ренде

parutan

хаван

mortar

барбекю

daging bakar

огнище

suluh

кухня - dapur

дъска
papan pamotong

точилка
gilingan

тирбушон
alat pambuka tutup botol

кутия
kaléng

отварачка за консерви
pambuka kaléng

кухненска ръкохватка
gagang panci

мивка
tilelep

четка
sikat

гъба
busa

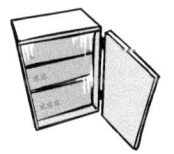

миксер
blénder

фризер
lomari es

бебешко шише
botol orok

воден кран
keran

кухня - dapur

баня
kamar ibak

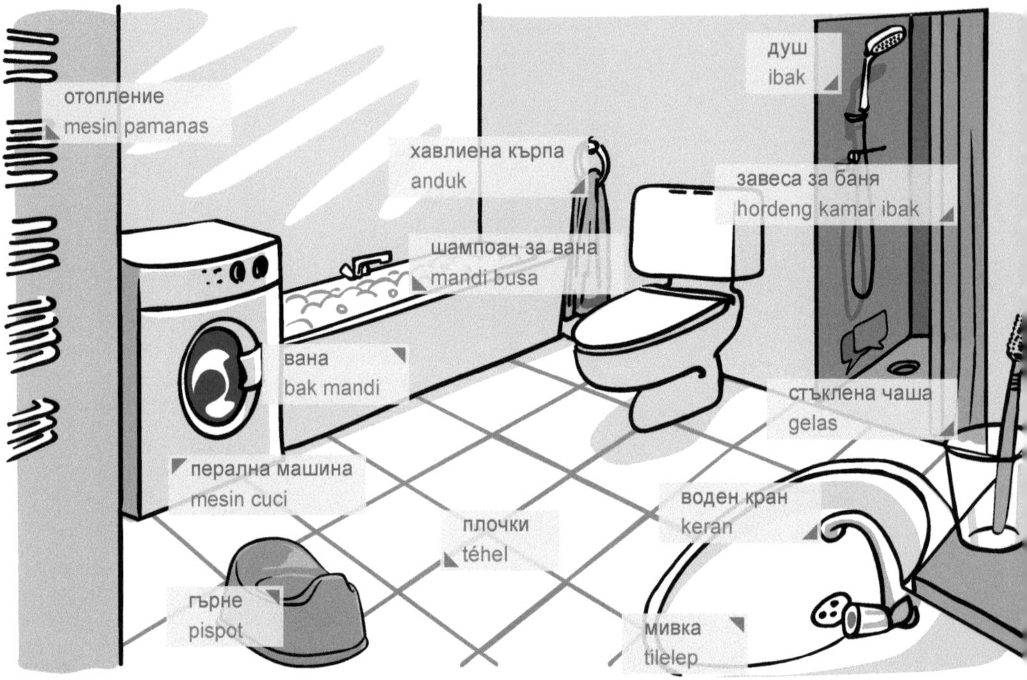

- душ / ibak
- отопление / mesin pamanas
- хавлиена кърпа / anduk
- завеса за баня / hordeng kamar ibak
- шампоан за вана / mandi busa
- вана / bak mandi
- стъклена чаша / gelas
- перална машина / mesin cuci
- плочки / téhel
- воден кран / keran
- гърне / pispot
- мивка / tilelep

тоалетна
jamban

клекало
cubluk

биде
bidét

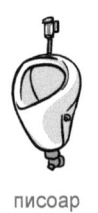

писоар
urinal

тоалетна хартия
kertas jamban

четка за тоалетна
sikat jamban

баня - kamar ibak

четка за зъби

sikat huntu

паста за зъби

odol

конец за зъби

benang gigi

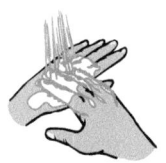

мия

nyeuseuh

ръчен душ

kokocoran leungeun

интимен душ

kukucuran

леген

bak

четка за гръб

panyikat tonggong

сапун

sabun

душ гел

gel ibak

шампоан за вана

sampo

гъба за баня

planél

сифон

nguras

крем

krim

дезодорант

déodoran

баня - kamar ibak

огледало
eunteung

козметично огледало
eunteung leungeun

ръчна самобръсначка
péso cukur

пяна за бръснене
busa cukur

одеколон за след бръснене
krim cukur

гребен
sisir

четка
sikat

сешоар
alat panggaring rambut

спрей за коса
semprotan rambut

грим
pangrias beungeut

червило
lipstik

лак за нокти
cét kuku

памук
kapas

ножица за нокти
gunting kuku

парфюм
minyak seungit

баня - kamar ibak

тоалетна чантичка
kantong seuseuh

табуретка
bangku

везна
timbangan

хавлия
baju mandi

домакински ръкавици
sarung tangan karét

тампон
sampon

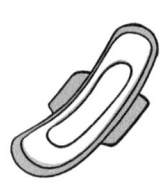

дамски превръзки
handuk pembalut

химическа тоалетна
jamban kimia

детска стая
kamar budak

будилник
jam alarem

плюшена играчка
boneka

автомобил играчка
momobilan

дрънкалка
kelintung

къща за кукли
imah bonéka

подарък
kado

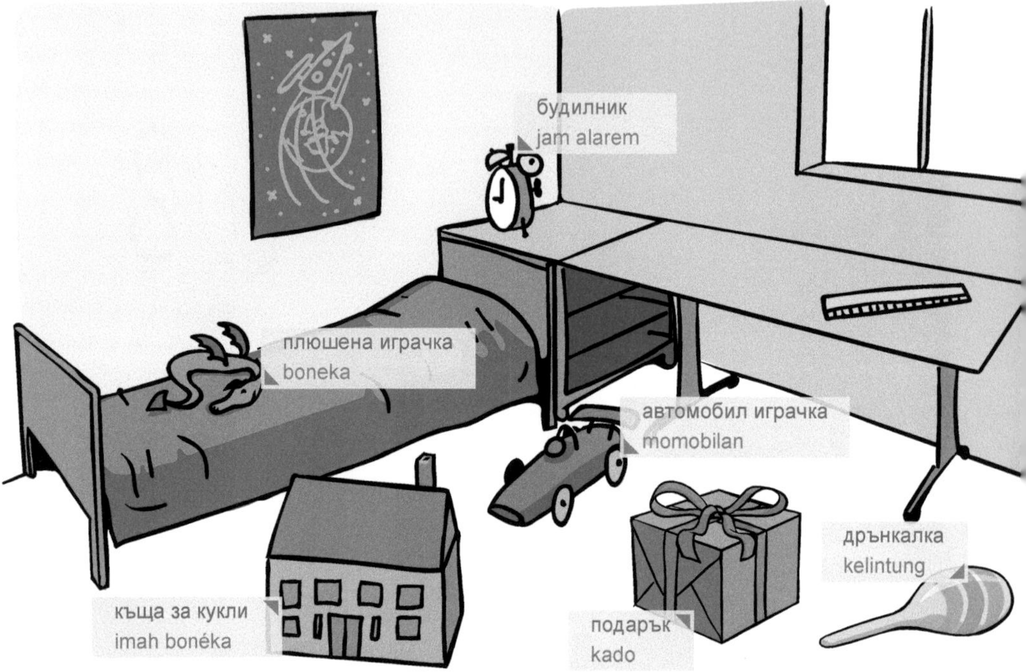

балон
balon

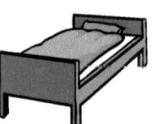

легло
ranjang

детска количка
karéta orok

игра на карти
kartu

пъзел
tatarucingan

комикс
komik

детска стая - kamar budak

лего елементи

kaulinan lego

строителни елементи

kaulinan bentuk blok

екшън фигурка

figur tokoh

бебешки гащеризон

baju budak

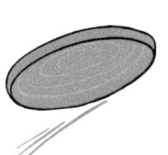

фрисби

frisbee

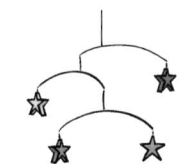

бебешки играчки за легло

mobile

настолна игра

papan gim

зарче

dadu

миниатюрно влакче

set model kareta api

биберон

endot

парти

pihak

детска книга с илюстрации

buku gambar

топка

bal

кукла

bonéka

играя

ulin

детска стая - kamar budak

пясъчник
wadah pasir maénan

люлка
ayunan

играчка
kaulinan

игрова конзола
video gim konsol

велосипед с три колелета
sapedah roda tilu

плюшено мече
bonéka beruang

гардероб
lomari baju

облекло
acuk

къси чорапи
kaos kaki

дълги чорапи
kaos kaki

чорапогащник
baju ketat

боди
awak

панталон
calana

дънки
jins

пола
rok

блуза
blus

риза
kaméja

пуловер
jakét tiung

суичър
baju haneut

блейзър
jakét

яке
jakét

палто
jakét

дъждобран
jas hujan

костюм
kostum

рокля
gaun

булчинска рокля
gaun pangantén

облекло - acuk

костюм
baju resmi

нощница
baju saré

пижама
piyama

сари
sari

кърпа за глава
tiung

тюрбан
turban

бурка
burka

кафтан
kaftan

абая
abaya

бански костюм
baju renang

плувни шорти
calana renang

къс панталон
calana péndék

анцуг
orang raga

престилка
celemék

ръкавици
sarung tangan

облекло - acuk

копче
kancing

очила
kaca soca

гривна
gelang

верижка
kongkorong

пръстен
ali

обеца
giwang

каскет
topi

закачалка
gantungan jakét

шапка
topi

вратовръзка
dasi

цип
risléting

каска
hélem

тиранти
tali salémpang

ученическа униформа
saragam sakola

униформа
saragam

облекло - acuk

лигавник
apron orok

биберон
endot

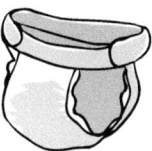
пелена
popok

офис
kantor

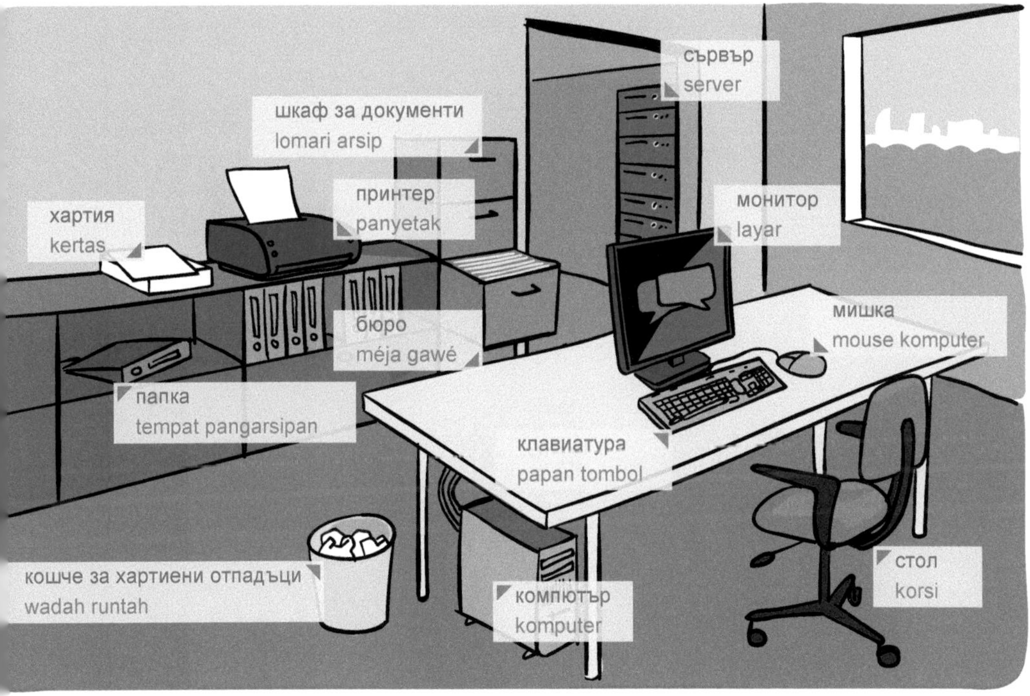

- сървър / server
- шкаф за документи / lomari arsip
- принтер / panyetak
- хартия / kertas
- монитор / layar
- бюро / méja gawé
- мишка / mouse komputer
- папка / tempat pangarsipan
- клавиатура / papan tombol
- кошче за хартиени отпадъци / wadah runtah
- компютър / komputer
- стол / korsi

чаша за кафе
cangkir kopi

джобен калкулатор
kalkulator

интернет
internét

лаптоп
laptop

писмо
surat

съобщение
pesen

мобилен телефон
telpon sélulér

мрежа
jaringan

ксерокс
fotokopi

софтуер
software

телефон
telpon

контакт
plug sokét

факс
mesin fax

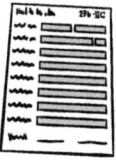
формуляр
formulir

документ
dokumén

офис - kantor

икономика
ékonomi

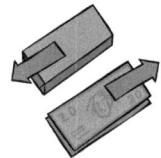
купувам
mésér

плащам
mayar

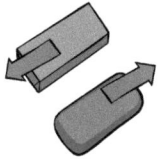
търгувам
dagang

пари
artos

долар
dollar

евро
euro

йена
yen

рубла
rubel

швейцарски франк
Franc swiss

ренминби юан
renminbi yuan

рупия
rupiah

банкомат
ATM

обменно бюро
kantor pertukaran mata uang

злато
emas

сребро
pérak

нефт
minyak

енергия
énérgi

цена
harga

договор
kontrak

данък
pajak

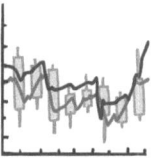
акция
saham

работя
gawé

служител
karyawan

работодател
dunungan

фабрика
pabril

магазин за цветя
toko

икономика - ékonomi

професии
pagawéan

полицай
petugas pulisi

пожарникар
pemadam kebakaran

готвач
koki

лекар
dokter

пилот
pilot

градинар
tukan kebon

мебелист
tukang kai

шивачка
tukang jait awéwé

съдия
hakim

химик
ahli kimia

артист
aktor

шофьор на автобус
sopir beus

шофьор на такси
sopir taksi

рибар
nalayan

чистачка
pembantu

майстор на покриви
tukang hateup

келнер
badega

ловец
tukang muru

художник
pelukis

хлебар
tukang roti

електротехник
tukang listrik

строителен работник
tukang bangun

инженер
insinyur

касапин
tukang daging

тенекеджия
tukang pipa

пощальон
tukang pos

войник
tentara

архитект
arsiték

касиер
kasir

цветар
tukang kembang

фризьор
tukang salon

кондуктор
konduktor

механик
tukang méngkél

капитан
kaptén

зъболекар
dokter gigi

научен работник
ilmuwan

равин
rabbi

имàм
imam

монах
biarawan

свещеник
pendéta

професии - pagawéan

инструменти
alat

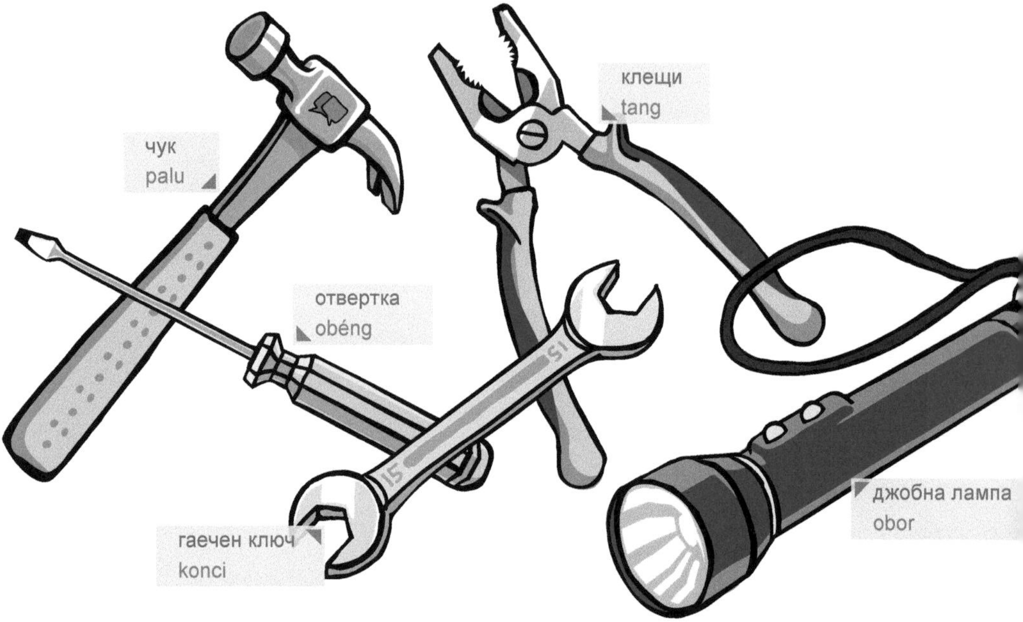

чук
palu

клещи
tang

отвертка
obéng

гаечен ключ
konci

джобна лампа
obor

багер

panggali

кутия за инструменти

kantong parkakas

стълба

tangga

трион

ragaji

пирони

paku

бормашина

bor

ремонтирам
ngabenerkeun

лопата
sekop

По дяволите!
Kéhéd!

лопатка за смет
pengki

кутия за боя
pot cét

болтове
sekrup bor

музикални инструменти
alat musik

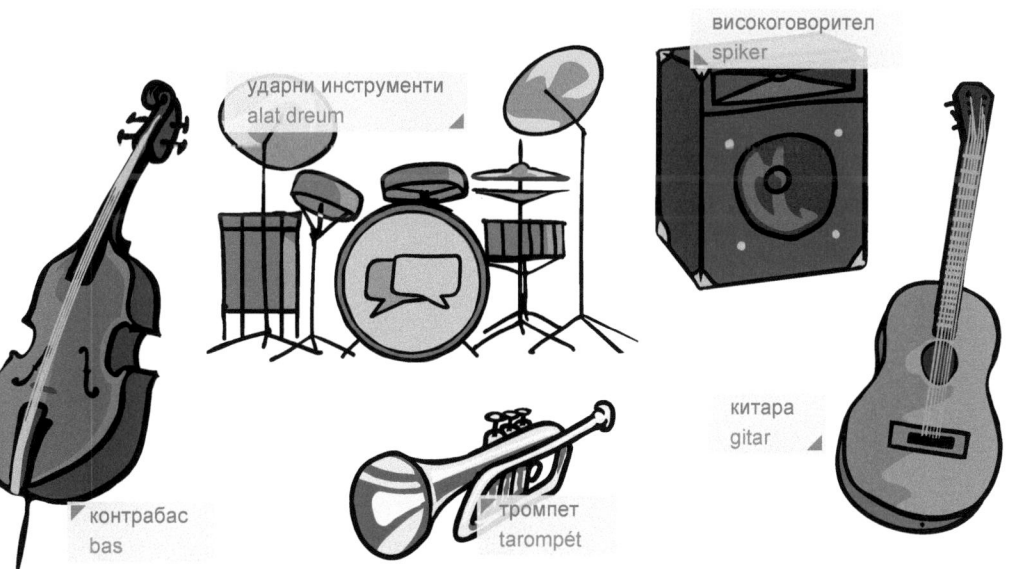

контрабас
bas

ударни инструменти
alat dreum

тромпет
tarompét

високоговорител
spiker

китара
gitar

пиано
piano

виолина
violin

контрабас
bas

тимпан
tambur

барабан
dreum

електрическо пиано
keyboard

саксофон
saksofon

флейта
suling

микрофон
mikrofon

музикални инструменти - alat musik

зоологическа градина
kebon binatang

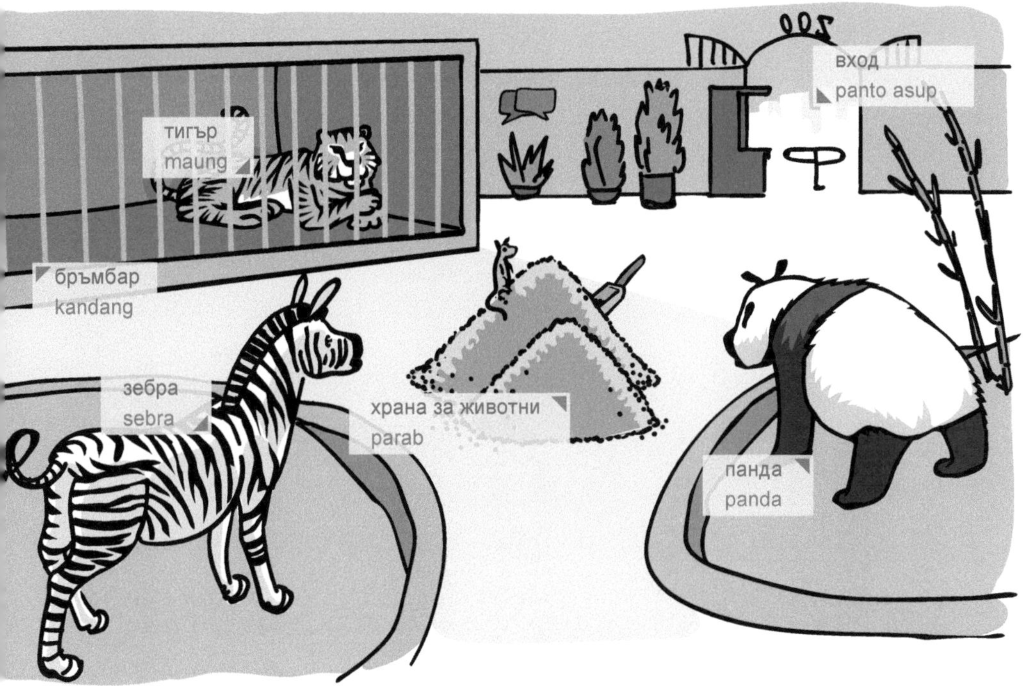

тигър — maung
бръмбар — kandang
вход — panto asup
зебра — sebra
храна за животни — parab
панда — panda

животни
sato

слон
gajah

кенгуру
kanguru

носорог
badak

горила
gorila

мечка
biruang

камила
onta

щраус
manuk onta

лъв
singa

маймуна
monyét

фламинго
flamingo

папагал
manuk béo

бяла мечка
biruang polar

пингвин
penguin

акула
hiu

паун
merak

змия
oray

крокодил
buaya

пазач в зоологическа градина
tukang jaga kebon binatang

тюлен
anjing laut

ягуар
jaguar

зоологическа градина - kebon binatang

пони
kuda poni

леопард
macan tutul

хипопотам
kuda nil

жираф
jerapah

орел
heulang

диво прасе
bagong

риба
lauk

костенурка
kuya

морж
anjing laut

лисица
robah

газела
kijang

зоологическа градина - kebon binatang

спорт
olahraga

дейности
aktivitas

скачам — jaganjleng
прегръщам — nangkeup
смея се — seuri
вървя — leumpang
пея — nyanyi
сънувам — ngimpén
моля се — ngadoa
целувам — nyium

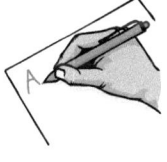

пиша
nyerat / nulis

рисувам
ngalukis

показвам
ningalikeun

бутам
ngadorong

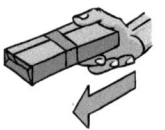

давам
méré

взимам
mawa

дейности - aktivitas

имам
boga

правя
ngalakukeun

съм
nya éta

стоя
tatih

тичам
lumpat

дърпам
narik

хвърлям
malédog

падам
ragrag

лежа
saré

чакам
nungguan

нося
nyandak

седя
diuk

обличам
anggé acuk

спя
saré

събуждам се
hudang

дейности - aktivitas

разглеждам
ningali

плача
méwék

милвам
ngusapan

реша се
nyisir

говоря
nyarita

разбирам
ngarti

питам
naros

слушам
ngadéngé

пия
nginum

ям
dahar

разтребвам
bébérés

обичам
bogoh

готвя
masak

карам автомобил
nyetir

летя
hiber

дейности - aktivitas

плавам (с платна)
balayar

смятане
ngitung

чета
maca

уча
diajar

работя
gawé

женя се
kawin

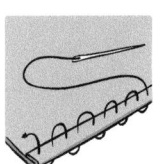
шия
ngajait

измивам си зъбите
sikat huntu

убивам
maéhan

пуша
ngarokok

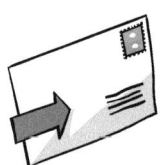
изпращам
ngirim

семейство
kulawarga

баба / nini
дядо / aki
баща / bapak
майка / emak
бебе / orok
дъщеря / budak awéwé
син / budak lalaki

посетител

tamu

леля

bibi

чичо

emang

брат

aa

сестра

tétéh

ТЯЛО
awak

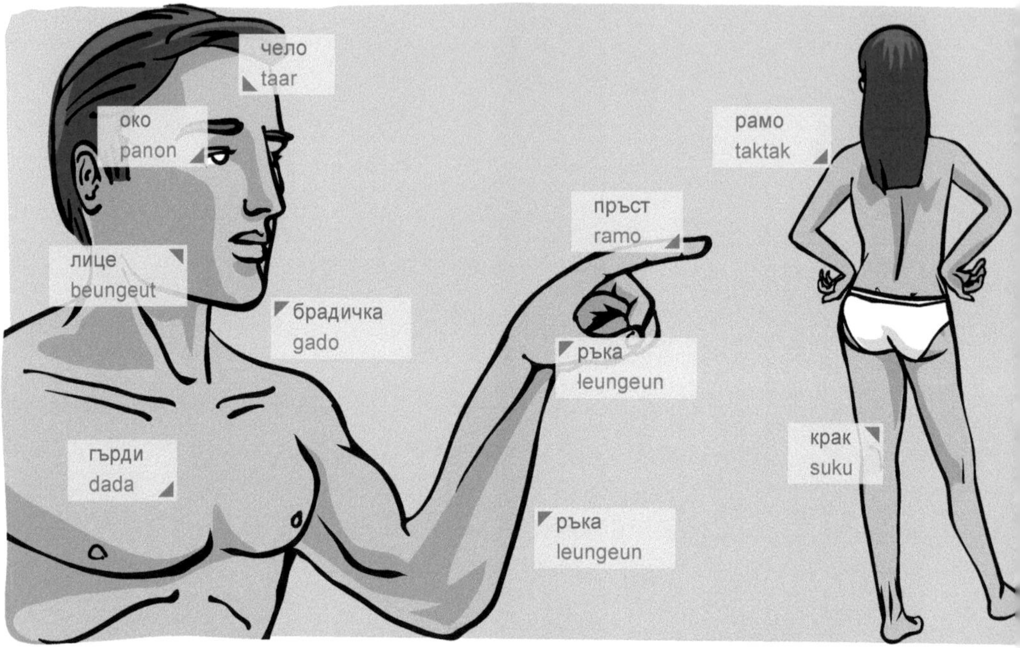

чело	taar
око	panon
лице	beungeut
брадичка	gado
гърди	dada
пръст	ramo
ръка	leungeun
ръка	leungeun
рамо	taktak
крак	suku

бебе
orok

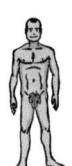

мъж
lalaki

жена
awéwé

момиче
awéwé

момче
lalaki

глава
sirah

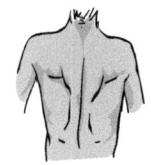

гръб
tonggong

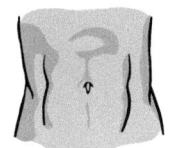

корем
beuteung

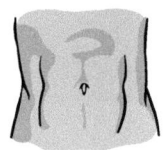

пъп
bujal

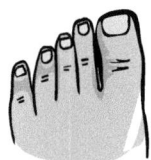

пръст на крака
jempol

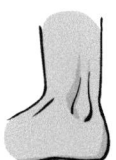

пета
keuneung

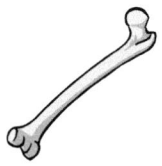

кост
tulang

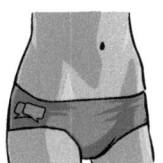

хълбок
cangkéng

коляно
tuur

лакът
sikut

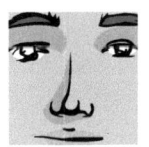

нос
irung

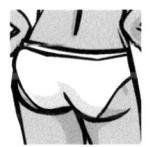

седалище
bujur

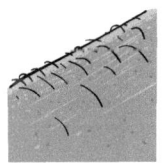

кожа
kulit

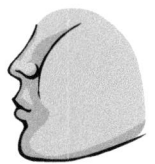

буза
pipi

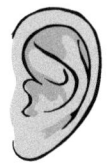

ухо
ceuli

устна
biwir

тяло - awak

уста
baham

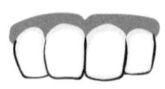

зъб
huntu

език
létah

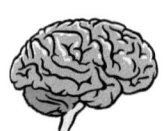

мозък
uteuk

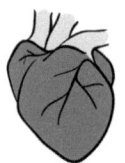

сърце
haté

мускул
otot

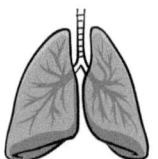

бял дроб
bayah

черен дроб
ati

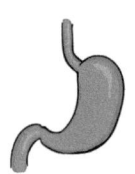

стомах
lambung

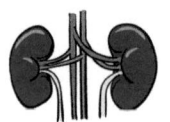

бъбреци
ginjal

полово сношение
sapatemon

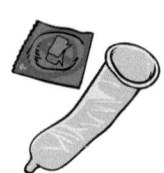

кондом
kondom

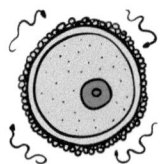

яйцеклетка
sél telur

сперма
spérma

бременност
kakandungan

тяло - awak

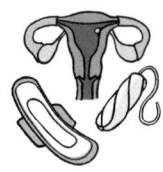
менструация
haid

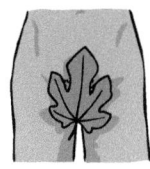
вагина
heunceut

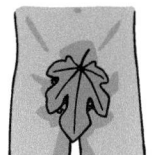
пенис
sirit

вежда
halis

коса
buuk

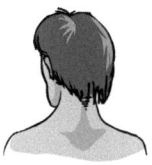
шия
beuheung

болница
rumah sakit

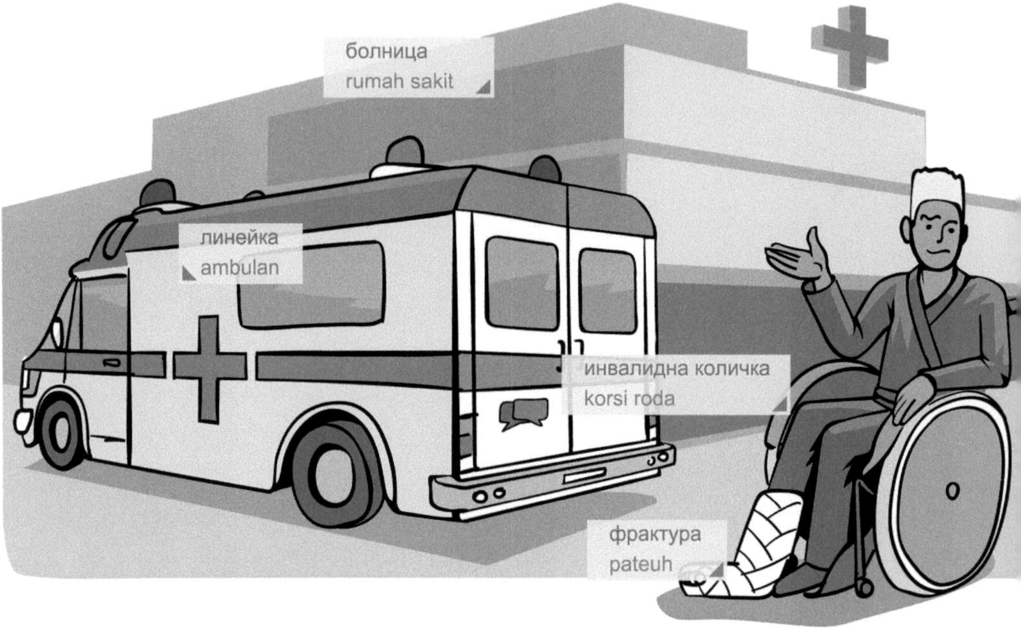

болница / rumah sakit

линейка / ambulan

инвалидна количка / korsi roda

фрактура / pateuh

лекар
dokter

спешна хоспитализация
rohang darurat

медицинска сестра
parawat

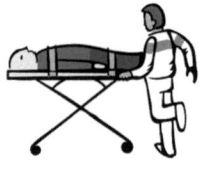

спешен случай
darurat

в безсъзнание
pingsan

болка
nyeri

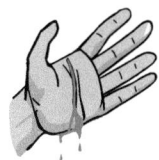  

нараняване	кървене	инфаркт
tatu	ngaluarkeun getih	jantungan

инсулт	алергия	кашлица
strok	alérgi	batuk

температура	грип	диария
muriang	salésma	birit

  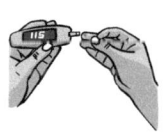

главоболие	рак	диабет
rieut	kanker	diabétés

 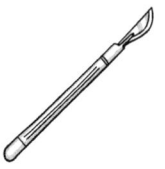 

хирург	скалпел	операция
ahli bedah	péso bedah	operasi

болница - rumah sakit

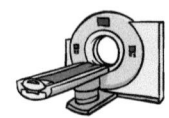
компютърна томография
CT

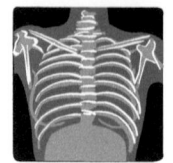
рентген
sinar x

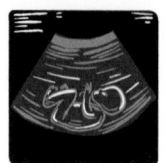
ултразвук
usg

маска
topéng

болест
panyakit

чакалня
rohang tunggu

патерица
pangrojong

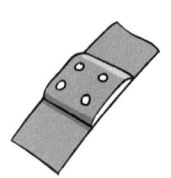
пластир
paléstér

превръзка
perban

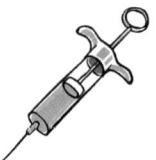
инжекция
injéksi

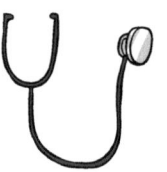
стетоскоп
stétoskop

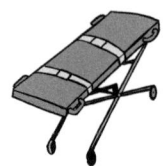
носилка
tandu

термометър
termométer klinis

раждане
kalahiran

наднормено тегло
obésitas

болница - rumah sakit

слухов апарат

alat bantu dédéngéan

дезинфекционно средство

désinféktan

инфекция

inféksi

вирус

virus

HIV / AIDS

HIV / AIDS

медицина

obat

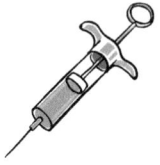

ваксинация

vaksinasi

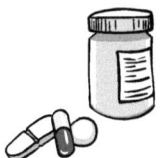

таблети

tablét

противозачатъчна таблетка

pil

спешно телефонно обаждане

panggilan darurat

апарат за измерване на кръвното налягане

ngukur ténsi

болен / здрав

gering / séhat

спешен случай
darurat

сигнал за тревога
alarem

нападение
gangguan

Помощ!
Tulung!

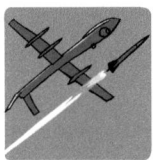
атака
narajang

опасност
bahaya

авариен изход
panto darurat

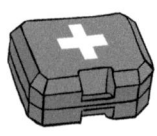
Пожар!
Seuneu!

пожарогасител
alat pemadam kabakaran

злополука
kacilakaan

комплект за оказване на първа помощ
kotak P3K

SOS
SOS

полиция
pulisi

Земя
Bumi

Европа

Eropa

Северна Америка

Amérika Utara

Южна Америка

Amérika Selatan

Африка

Afrika

Азия

Asia

Австралия

Australi

Атлантически океан

Atlantik

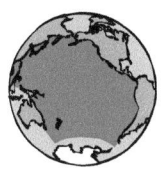

Тихи океан

Pasifik

Индийски океан

Samudra Hindia

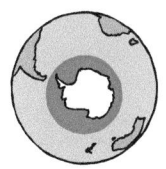

Южен ледовит океан

Samudra Antartika

Северен ледовит океан

Samudra Arktik

Северен полюс

Kutub Utara

Южен полюс
Kutub Selatan

Антарктида
Antartika

Земя
Bumi

суша
tanah

море
laut

остров
pulau

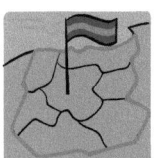
нация
bangsa

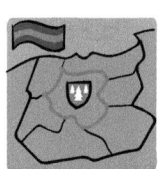
държава
nagara

часовник
jam

циферблат
jam wajah

стрелка на часовете
jarum péndék

стрелка на минутите
jarum menit

стрелка на секундите
jarum detik

Колко е часът?
Tabuh sabaraha?

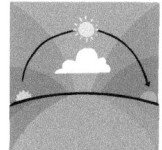
ден
poé

време
waktos

дигитален часовник
jam digital

сега
ayeuna

минута
menit

час
jam

седмица
minggu

вчера
kamari

днес
dinten ayeuna

утре
énjing

сутрин
énjing-énjing / isuk-isuk

обед
siang

вечер
peuting

работни дни
poé gawé

уикенд
akhir minggu

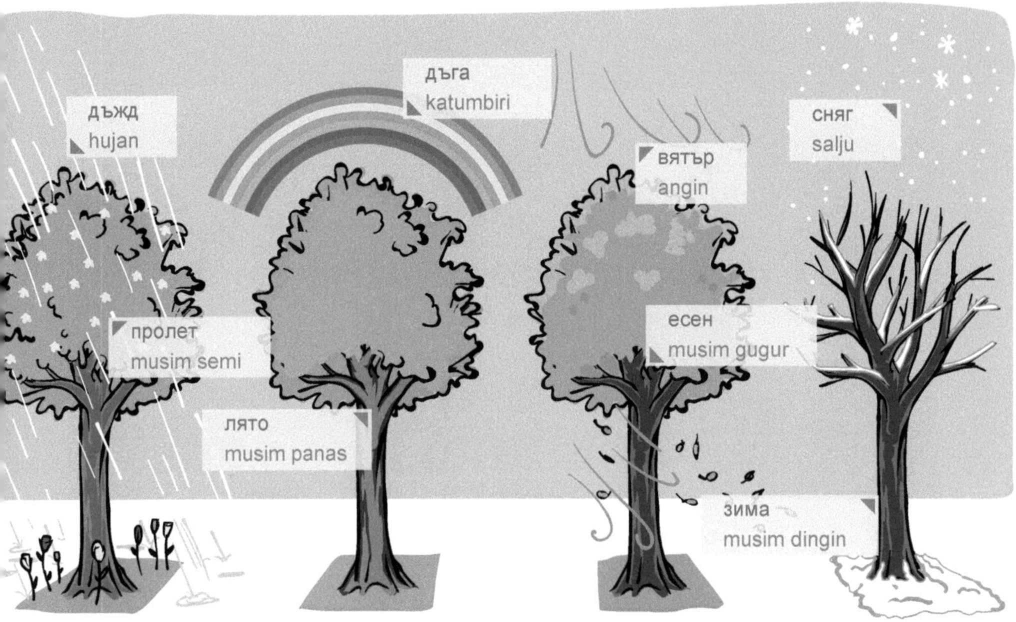

година
taun

дъжд
hujan

дъга
katumbiri

вятър
angin

сняг
salju

пролет
musim semi

лято
musim panas

есен
musim gugur

зима
musim dingin

прогноза за времето
ramalan cuaca

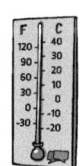

термометър
términométer

слънчева светлина
panon poé

облак
awan

мъгла
pepedut

влажност на въздуха
kelembaban

светкавица
gelap

гръмотевица
guntur

буря
badai

градушка
hujan és

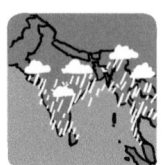
мусон
angin muson

наводнение
caah

лед
és

януари
Januari

февруари
Pébruari

март
Maret

април
April

май
Mei

юни
Juni

юли
Juli

август
Agustus

година - taun

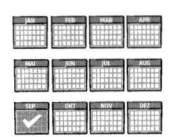
септември
Séptémber

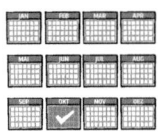
октомври
Oktober

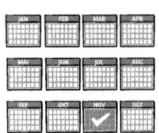
ноември
Nopémber

декември
Désémber

форми
bentuk

кръг
buleudan

квадрат
persegi

четириъгълник
persegi panjang

триъгълник
segi tiga

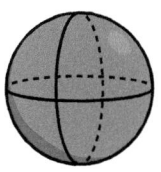
сфера
bola

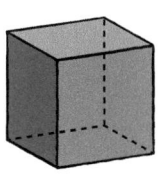
куб
kubus

цветове
warna-warna

бял
bodas

жълт
konéng

оранжев
oranyeu

розов
kayas

червен
beureum

лилав
bungur

син
bulao

зелен
héjo

кафяв
coklat

сив
abu-abu

черен
hideung

противоположности
sabalikna

много / малко

loba / saeutik

ядосан / спокоен

ambek / kalem

красив / грозен

geulis / goreng

начало / край

ngamimitian / réngsé

голям / малък

gedé / leutik

светъл / тъмен

caang / poék

брат / сестра

dulur lalaki / dulur awéwé

чист / мръсен

bersih / kotor

пълен / непълен

lengkep / teu lengkep

ден / нощ

poé / peuting

мъртъв / жив

paéh / hirup

широк / тесен

lega / heureut

ядлив / неядлив

bisa didahar / teu bisa didahar

сърдит / любезен

jahat / bageur

развълнуван / скучаещ

sumanget / bosen

дебел / тънък

badag / begang

най-напред / най-накрая

kahiji / terakhir

приятел / враг

baturan / musuh

пълен / празен

pinuh / kosong

твърд / мек

heuras / lemes

тежък / лек

beurat / hampang

глад / жажда

kalaparan / haus

болен / здрав

gering / séhat

нелегален / легален

ilegal / legal

интелигентен / глупав

calakan / bodo

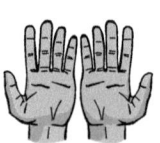

ляво / дясно

kénca / katuhu

близо / далече

deukeut / jauh

нов / употребяван
anyar / urut

нищо / нещо
euweuh nanaon / aya nanaon

стар / млад
kolot / ngora

вкл. / изкл.
hurung / pareum

отворен / затворен
buka / tutup

тих / силен (звук)
jempé / gandéng

богат / беден
beunghar / sangsara

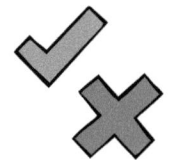
правилен / погрешен
bener / salah

грапав / гладък
kasar / lemes

тъжен / щастлив
sedih / gumbira

дълъг / къс
pendék / panjang

бавен / бърз
alon / gancang

мокър / сух
baseuh / garing

топъл / студен
haneut / tiis

война / мир
perang / damai

противоположности - sabalikna

числа
angka-angka

0
нула
nol

1
едно
hiji

2
две
dua

3
три
tilu

4
четири
opat

5
пет
lima

6
шест
genep

7
седем
tujuh

8
осем
dalapan

9
девет
salapan

10
десет
sapuluh

11
единадесет
sawelas

12

дванадесет

duawelas

13

тринадесет

tiluwelah

14

четиринадесет

opatwelas

15

петнадесет

limawelas

16

шестнадесет

genepwelas

17

седемнадесет

tujuhwelas

18

осемнадесет

dalapanwelas

19

деветнадесет

salapanwelas

20

двадесет

duapuluh

100

сто

saratus

1.000

хиляда

sarébu

1.000.000

милион

sajuta

числа - angka-angka

езици
basa-basa

английски

Inggris

американски английски

basa Inggris Amerika

китайски мандарин

basa Cina Mandarin

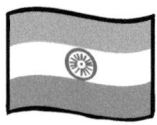

хинди

basa Hindi

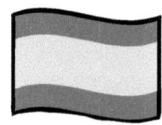

испански

basa Spanyol

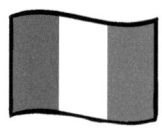

френски

basa Perancis

арабски

basa Arab

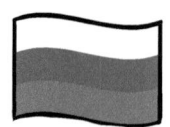

руски

basa Rusia

португалски

basa Portugis

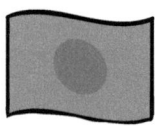

бенгалски

basa Bengal

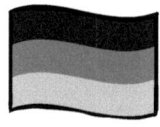

немски

basa Jerman

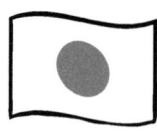

japonски

basa Jepang

кой / какво / как
saha / naon / kumaha

аз
urang

ти
manéh

той / тя / то
anjeunna / manéhna

ние
arurang

вие
maranéh

те
aranjeunna / maranéhna

кой?
saha?

какво?
naon?

как?
kumaha?

къде?
di mana?

кога?
iraha?

име
wasta / ngaran

къде
di mana

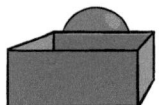

зад
di tukang

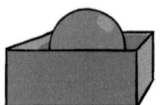

в
di

пред
di hareup

над
di luhureun

върху
di luhur

под
di handapeun

до
di gigir

между
antawis

място
tempat